AF313218

Vente du Mardi 7 Juin 1904

HOTEL DROUOT. SALLE Nº 10.

CATALOGUE

DE BEAUX

LIVRES MODERNES

RECOUVERTS DE

RELIURES D'ART

ET D'ALBUMS DE

LITHOGRAPHIES

PAR

RAFFET — CHARLET — G. DORÉ

PARIS

A. DUREL, LIBRAIRE

24, RUE DE L'ANCIENNE-COMÉDIE, 24

9 ET 11, PASSAGE DU COMMERCE (VIᵉ ARR.)

1904

EN PRÉPARATION

CATALOGUES

DE LA

BIBLIOTHÈQUE

DE

M. H. FONTENEAU

DEUXIÈME PARTIE

Livres Anciens reliés en Maroquin
Poëtes du XVIᵉ Siècle
Éditions originales des Grands Classiques
des 17ᵉ et 18ᵉ Siècles

TROISIÈME PARTIE

Livres à Figures du XVIIIᵉ Siècle
Reliures de Thouvenin et de la Période romantique

QUATRIÈME PARTIE

Livres sur la Chasse
Ouvrages sur les Beaux-Arts

CINQUIÈME PARTIE

Beaux Livres Modernes

SIXIÈME PARTIE

Ouvrages en Divers Genres

Arras. — Imp. Schoutheer Frères, rue des Trois-Visages, 58.

CATALOGUE

DE BEAUX

LIVRES MODERNES

ET D'ALBUMS DE

LITHOGRAPHIES

PAR

RAFFET — CHARLET — G. DORÉ

LA VENTE AURA LIEU

LE MARDI 7 JUIN 1904

A deux heures précises de l'après-midi

HOTEL DES COMMISSAIRES-PRISEURS, 9, RUE DROUOT

Salle n° 10, au premier étage

Par le Ministère

de Me MAURICE DELESTRE ✳, Commissaire-Priseur

5, RUE SAINT-GEORGES, 5 (IX⁰

Assisté de M. A. DUREL, O. I. ⚜ Libraire-Expert

21, Rue de l'Ancienne-Comédie, 9-11, Passage du Commerce (VIe)

☞ *Les Livres pourront être examinés à notre Librairie du Lundi 30 Mai au Samedi 4 Juin, de deux heures à cinq heures.*

CONDITIONS DE LA VENTE

La vente se fera au comptant.

Les acquéreurs paieront **10 p. 100** en sus des adjudications.

Les livres devront être collationnés dans les vingt-quatre heures de l'adjudication. Passé ce délai, ils ne seront repris pour aucune cause.

M. A. DUREL, chargé de la vente, remplira aux conditions d'usage, les commissions des personnes qui ne pourraient y assister.

M. A. DUREL se réserve la faculté, dans l'intérêt de la vente, de réunir ou de diviser les numéros du Catalogue.

CATALOGUE

DE BEAUX

LIVRES MODERNES

RECOUVERTS DE

RELIURES D'ART

ET D'ALBUMS DE

LITHOGRAPHIES

PAR

RAFFET — CHARLET — G. DORÉ

PARIS

A. DUREL, LIBRAIRE

21, RUE DE L'ANCIENNE-COMÉDIE, 21

9 ET 11, PASSAGE DU COMMERCE (VIe ARR.)

1904

ORDRE DE LA VACATION

CATALOGUE

DE BEAUX

LIVRES MODERNES

ET D'ALBUMS DE

LITHOGRAPHIES

PAR

RAFFET — CHARLET — G. DORÉ

1. **Astruc** (Zacharie). Espagne. Le Généralife.
Sérénades et Songes. Illustrations de U. Checa.
Paris, L. H. May, 1897, gr. in-8. demi-rel.,
dos et coins de mar. orange, dos mosaïqué, fil.,
tête dor., non rog., couv. (*Lucien Magnin*).

    L'un des **25** exemplaires sur **papier du Japon** avec
    le tirage à part de toutes les illustrations hors texte.

2. **BALZAC** (Honoré de). La Fille aux Yeux
d'Or, avec trente-deux aquarelles de Henri
Gervex, reproduites par l'héliogravure en couleurs. *Paris. Calmann Lévy*, 1898, in-4. mar.
rouge, doublé de mar. vert foncé, double fil. à
froid form. encad. aux angles, bouquets de

violettes. en mosaïque sertie or, et mar. violet et vert, tr. dor. sur broch., couv. (*Chambolle-Duru*).

Tirage à 300 exemplaires (n° 101).

3. **Baour de Lormian**. L'Atlantide, ou le Géant de la Montagne bleue, poëme en quatre chants. Recueilli et publié par M. Baour de Lormian (suivi de Rustan, ou les Vœux, conte oriental; et de huit Songes en prose). *Paris, Brunot Labbé. s. d.* (1812), in-18, fig., mar. bleu à grain long, dos orné, ornem. de fil. dor. sur les plats, doublé et gardes de tabis, tr. dor. (*Lefèbvre*).

Titre gravé avec vignette, et 4 figures de Desenne, gravées par Pigeot, A. Delvaux, F. Janet et Bovinet.
Exemplaire sur papier vélin, avec les figures avant la lettre.

4. **BAUDELAIRE** (Charles). **Quinze Histoires d'Edgar Poë**. Illustrations de Louis Legrand. *Paris, Imprimé pour les Amis des Livres, par Chamerot et Renouard*, 1897, gr. in-8, mar. chaudron, dos orné et mosaïqué; sur le plat plat supérieur, grande composition mosaïque sertie à froid en mar. de diverses nuances, branches et fleurs de pavots enguirlandant l'inscription « Poë » sur laquelle est campé un corbeau, attributs divers ainsi que sur le second plat, rappelant les différents sujets du livre, dou-

blures et gardes de soie, bande de mar. chaud.
formant encad., ornée de larmes, têtes de
morts, etc., tr. dor. sur br., couv. (*P. Ruban*).

Édition tirée à 115 exemplaires numérotés à la presse avec
les gravures en 2 états (n° 108).
Publié par les soins de MM. Ch. Delafosse et E. Ro-
drigues.

5. **Bergerat** (Emile). L'Espagnole. Illustrations
de Daniel Vierge, gravées sur bois par Clément
Bellenger. *Paris, L. Conquet*, 1891, in-18,
mar. bleu, sur les plats, branches de fleurs is-
sant des nerfs en mosaïque sertie or et à froid,
dent. int., doublures et gardes de soie à fleurs,
tête dor., non rog., couv. (*René Kieffer*).

L'un des **75** exemplaires sur **papier du Japon** (n° 128).

6. **BERNARD**. Œuvres, ornées d'une gravure
d'après Prudhon. *Paris, Janet et Cotelle*, 1823.
in-8, veau violet clair, dos orné, plats décorés
dans le goût romantique, large dent. dor. et à
froid formant encad., angles et milieux mosaï-
qués; doublé de veau violet foncé, large dent.
dorée et à froid, encadrant un panneau de losanges en mosaïque or et couleurs ; au centre,
les initiales L. C. entrelacées, gardes de moire
viol., tr. dor. (*Deforge*).

Magnifique spécimen de reliure romantique.

7. **Bertheroy** (Jean). Le Jardin des Tolosati. *Paris, Librairie P. Ollendorff*, 1903, in-12, br.

> Edition originale, avec la couverture impr. en couleurs.
> Exemplaire tiré sur papier de Hollande.

8. **BERTRAND** (Louis). **Gaspard de la nuit.** Fantaisies à la manière de Rembrandt, et de Callot. Cinquante illustrations de J. Fontanez. *Paris, Le Livre et l'Estampe*, 1903. pet. in-4. mar. bleu ; sur le plat supérieur. composition en mosaïque à froid. feuillage accompagné de graines, serties or. de mar. gris perle et bleu clair, le tout formant encad., sur le second plat, milieu décoré dans le même goût, bande de mar. int., fil.. tête dor., non rog., couv. (*René Kieffer*).

> L'un des 225 exemplaires, sur papier à la forme des Papeteries d'Arches, avec un état des planches.
> Belle publication.

9. **Boccace.** Le Décaméron. Illustrations de Jacques Wagrez, traduction et notes de Francisque Reynard. *Paris, H. Launette et Cie. — G. Boudet. succr*, 1890, 3 vol. in-4, pap. vél., titre r. et n., vign., planches hors texte, culs-de-lampe et lettres ornées, cart. dos et coins de mar. orange, dos orné de feuillage et d'œillets en mosaïque de mar. de diverses couleurs, fil. sur les plats. tête dor., non rog., couv. illust. (*Ritter*).

10. **Boccace**. La Fiancée du Roy de Garbe, traduction de Anthoine Le Maçon, imaigée et vignettée par Léon Lebègue. *Paris. H. Floury*, 1903, pet. in-4, mar. bleu, plats décorés d'une composition de style Renaissance en mosaïque sertie or à petits compart. de mar. bleu pâle et gris perle et accompagnée de fil.. le tout formant encad.. large bande int., de mar. bleu, fil., doublures et gardes de tabis bleu, tête dor.. non rog., couv., étui (*René Kieffer*).

L'un des **40** exemplaires sur **papier vélin** teinté à la forme, des papeteries de **Rives**, avec le tirage en noir, sur papier de Chine de toutes les illustrations.

11. **Borelli** (Vte de). Sursum Corda. Poésies. *Paris, Lemerre*, 1886. in-4, cart. dos et coins de toile, non rog., couv. (*Carayon*).

L'un des rares exemplaires tirés sur **papier de Chine**.

12. **Brantôme.** Les Sept Discours touchant les Dames galantes, publiés sur les manuscrits de la Bibliothèque nationale, par Henri Bouchot. Dessins d'Edouard de Beaumont, gravés par E. Boilvin. *Paris, Librairie des bibliophiles*, 1882. 3 vol. in-16, mar. vert jans.. dent. int., tr. dor. sur brochure, couv. (*Lanscelin*).

L'un des **30** exemplaires tirés sur **papier de Chine** (n° 6) avec épreuves des gravures avant la lettre.

13. **Brillat-Savarin.** Physiologie du Goût. Suite de 1 portrait, 51 eaux-fortes par Ad. Lalauze.

Edition Jouaust, gr. in-8, cart. dos et coins
de mar. rouge, dos orné, fil., tête dor., non
rog. (*Carayon*).

Epreuves d'artiste avant la lettre et tirées sur Chine.

14. **Champfleury**. Les Vignettes Romantiques,
histoire de la Littérature et de l'Art. 1825-1840,
150 vignettes par Célestin Nanteuil, Tony Jo-
hannot. Devéria, Jeanron, J. Gigoux, etc.,
suivi d'un catalogue complet des Romans,
Drames, Poésies, ornés de vignettes, 1825 à
1840. *Paris, E. Dentu*, 1883, in-4, demi-rel.
dos et coins de mar. rouge, dos orne, fil., tête
dor., non rog., couv. (*Canape*).

L'un des **100** exemplaires sur **papier vergé de Hollande** (n⁰ 78).

15. **Champsaur** (Félicien). Pierrot et sa con-
science. Dessins de Gorguet. *Paris, E. Dentu*,
s. d., gr. in-8, cart. dos et coins de mar. gris
perle, tête dor., non rog., couv. (*Canape*).

16. **Chateaubriand** (F.-A. de). Essai historique,
politique et moral sur les Révolutions anciennes
et modernes, considérées dans leurs rapports
avec la Révolution françoise. *Londres, Deboffe*.
1797, 2 part. en 1 vol. in-8, de VI et 693 pp..
veau fauve, dos orné, dent. sur les plats et int.,
tr. dor.

Edition originale. Jolie reliure.

17. **Chateaubriand** (F.-A. de). Les Martyrs, ou le triomphe de la religion chrétienne. Troisième édition, précédée d'un examen, avec des remarques sur chaque livre, et des fragments du voyage de l'auteur en Grèce et à Jérusalem. *Paris, Le Normant* 1810, 3 vol. in-8, mar. rouge, à grain long, dos orné à petits fers et au pointillé, dent. dans un encadrem. de fil. dor. sur les plats, dent. int., tr. dor. (*Simier*).

Très jolie reliure de l'époque.

18. **Dante**. L'Enfer, poème, traduction nouvelle (par Antoine de Rivarol). *Londres (Paris), Mérigot le jeune et Barrois le jeune*, 1783. — Le Purgatoire, poème, traduit de l'italien, suivi de notes explicatives (par A.-F. Artaud). *Paris, Blaise*, 1813. — Le Paradis, poème, traduit de l'italien ; précédé d'une introduction, de la vie du poète ; suivi de notes explicatives pour chaque chant et d'un Catalogue de 80 éditions de la *Divine Comédie* de l'auteur ; par un membre de la Société colombaire de Florence (Alex.-Franç. Artaud). *Paris, Treuttel et Würtz*, 1811. Ens. 3 vol. in-8, fig., portr. ajouté, dess. et gr. par Littret, mar. bleu à grain long, dos orné, dent. dans un encadrem. de fil. dor. sur les plats, tr. dor. (*Courteval*).

Jolies reliures.

19. **Daudet** (Alphonse). Sapho. Compositions de
Auguste-François Gorguet. Gravures à l'eau-
forte de Louis Muller. *Paris, Armand Magnier*,
1897, gr. in-8, mar. chaudron, dos et plats ornés d'une grande composition florale, en mosaïque sertie or et à froid, de mar. bleu et La
Vallière clair. doublé de mar. gris perle, fil.
formant encadrem. agrémentés de petits ornem.
en mosaïque de mar. bleu, gardes de soie gris
perle, tr. dor. sur brochure, couv.. étui (*René
Kieffer*).

> L'un des **40** exemplaires sur **papier vélin de cuve**
> (n° 58) contenant une double suite de toutes les illustrations
> dans le texte, et une triple suite des illustrations hors texte,
> dont l'eau-forte pure.
> Bel exemplaire auquel on a ajouté en outre, une suite de
> toutes les illustrations tirées sur Japon, avec la signature
> autographe du graveur.

20. **Delmet** (Paul). Chansons de Montmartre.
Lithographies de Steinlen. *Paris, s. d.*, gr.
in-8, br., couv.

> L'un des **75** exemplaires tirés sur **papier de Hollande**
> (n° 62).
> Frontispice et 15 lithographies de Steinlen.

21. **Delmet** (Paul). Chansons. Lithographies de
Willette. *Paris, Henri Tellier, s. d.*. gr. in-8,
cart., dos et coins de mar. rouge, non rog.,
couv. (*Carayon*).

22. **Delmet** (Paul). Nouvelles Chansons. Poésies de Maurice Boukay, G. d'Esparbès, Victor Meusy, Maurice Vaucaire, Gabriel Vicaire, etc. Lithographies de A. Willette. *Paris, Henri Tellier*, s. d., gr. in-8, cart. dos et coins de toile, non rog., couv. illust. par Willette (*Carayon*).

23. **Denis** (Ferdinand). Histoire de l'Ornementation des Manuscrits. *Paris, Rouveyre*, 1880, gr. in-8, pap. vél., titre r. et n., fig., cart. dos et coins de mar. vert, non rog., couv. (*Carayon*).

Édition imprimée à 600 exemplaires et ornée de 140 planches et vignettes gravées d'après les plus précieux manuscrits.

24. **Desjardins** (Gustave). Recherches sur les Drapeaux Français. Oriflamme, Bannière de France, Marques nationales, Couleurs du Roi, Drapeaux de l'armée, Pavillons de la Marine. *Paris, Vve A. Morel et Cie*, 1874, gr. in-8, comprenant 43 planches, dont 41 en chromolithographies et 56 grav. intercalées dans le texte, demi-rel. mar. rouge, dos orné, tête dor., non rog. (*Pouget*).

25. **DEULIN** (Charles). **Contes d'un buveur de bière**. Cent illustrations de P. Kauffmann, gravures sur bois de Quesnel et Willensens. *Paris, G. Boudet*, s. d., gr. in-8, mar. La Val-

lière, dos et plats décorés de branches de hou-
blon, en mosaïque sans or, et de filets dorés :
le plat supérieur couvert de grandes branches,
encadrées de bandes de mar. plus foncé ; sur le
second plat, petit bouquet au centre, bande de
mar. int., fil. doublures et gardes de moire
bleue, tr. dor. sur broch., couv. illust. (*Ch.
(Meunier*).

> L'un des **5** exemplaires tirés sur **papier de Chine** (nº 1).

26. Didot fils aîné (P.). Essai de fables nouvelles
dédiées au Roi, suivies de poésies diverses, et
d'une épître sur les progrès de l'imprimerie.
Paris, Didot, 1786, in-12, mar. rouge à grain
long, fil. sur le dos et les plats, tr. dor. (*Boze-
rian*).

27. Dionis du Séjour (Melle). Origine des Graces.
Paris, 1777, in-8, fig. veau gran. dos orné,
dent., tr. jaunes (*Rel. anc.*).

> 6 charmantes figures par Cochin, gravées par J. Aliamet,
> N. de Launay, L.-J. Masquelier, D. Née, A de Saint-Aubin
> et J.-B. Simonet.

28. Doucet (Jérome). Contes de la Fileuse. Illustrations de Alfred Garth Jones. *Paris. Ch.
Tallandier*, 1900. pet. in-4, mar. bleu, sur le
premier plat, grande décoration dans le gout
modern style, en mosaïque sertie à froid, de
mar. vert clair et bleu clair ; sur le second plat,
milieu orné d'une décoration en mosaïque dans

le même style, large bande de mar. int., fil.
orn. aux angles, doublures et gardes de soie à
fleurs, tête dor., non rog., couv. étui (*René
Kieffer*).

> Exemplaire sur **papier du Japon** avec la suite des
> illustrations, tirée sur Chine à cinq exemplaires pour Jé-
> rome Doucet, avec la signature de l'auteur.

29. **Du Camp** (Maxime). Une Histoire d'Amour.
Un portrait gravé par A. Lamotte. Huit compositions de P. Blanchard, gravées par Buland.
Paris, L. Conquet, 1888, in-18, mar. La Vallière clair ; sur le premier plat, feuilles et fleurs
de muguet aux angles, en mosaïque sertie or
et à froid, fil. int., tête dor., non rog., couv.
étui (*René Kieffer*).

> Exemplaire sur papier vélin avec les gravures avant la
> lettre.

30. **DUMAS FILS** (Alexandre). **La Dame aux
Camélias**. Préface de Jules Janin et nouvelle
préface inédite de l'auteur. Illustrations de A.
Lynch. *Paris, Quantin, s. d.*, in-4, mar. grenat,
dos orné, plats décorés de jeux de cinq filets,
droits, brisés et courbés s'enlaçant aux angles
et au milieu et formant un double encad. large
bande de mar. int., fil. doublures et gardes de
soie à fleurs, tr. dor. sur broch., couv. étui
(*Canape*).

> L'un des **100** exemplaires sur **papier du Japon** (n° 49),
> contenant :

1° Les eaux-fortes en deux états ; avant la lettre, avec remarque sur Japon, et avec la lettre sur Hollande :

2° Les héliogravures avec un tirage supplémentaire hors texte sur Japon :

3° 1 suite de 1 portrait et 10 eaux-fortes gravé par de Los Rios ; un fac-similé d'une lettre de Dumas fils, et 2 portraits dont 1 de Jules Janin et l'autre de Marie Duplessis :

4° **50 aquarelles originales** de Georges **Meunier.**

31. **Esménard** (J.). La Navigation, poème. Seconde édition. *Paris, Gignet et Michaud,* 1806, in-8, fig. de Monsiau et Mirys, grav. par Thomas et Couché, mar. rouge à grain long, dos orné à petits fers et au pointillé, dent. de feuillage dans un encadrem. de fil. dor. sur les plats, dent. int., tr. dor. (*Rel. de l'époque*).

Jolie reliure.

31 *bis.* **Esparbès** (Georges d'). La Légende de l'Aigle. Poème épique en vingt contes. *Paris, E. Dentu,* 1893, in-12, mar. vert ; sur le premier plat, composition florale, en mosaïque sertie or et à froid, de mar. vert de diverses nuances, dent. int., tête dor., non rog., couv. (*René Kieffer*).

Édition originale ornée de **16 aquarelles originales,** savoir : 1 de **H. de Sta** et 15 de **O. Gurty.**
Envoi autographe signé de l'auteur, sur le faux-titre.

32. **Facétieuses Nuits** (Les) du Seigneur J.-F. Straparole, traduites par J. Louveau et P. de Larivey, publiées avec une préface et des notes

par G. Brunet. Quatorze dessins de J. Garnier,
gravés à l'eau forte par Champollion. *Paris,
Jouaust*, 1882. 4 vol. in-12, fig., cart dos de
mar. cit., tête dor., non rog., couv. (*Canape*).

33. **La Farce de maistre Pierre Pathelin,** précédé d'un recueil de monuments de l'ancienne
langue française, depuis son origine jusqu'à
l'an 1500, avec une introduction, par M. Geof-
froy-Chateau. *Paris, Amyot,* 1853. in-12.
mar. rouge, dos orné, fil. et petite dent. sur les
plats, tr. dor. (*Harday*).

> Exemplaire sur papier vélin.

34. **Favre** (de). Les Quatre Heures de la Toilette
des Dames, poème érotique par de Favre. Réim-
pression sur l'édition de Paris, Bastien 1779.
Paris, Ed. Roureyre, 1880, in-8, fig., mar.
citron, dos orné, fil., fleurs de lys aux angles,
dent. int., tête dor., non rog., couv. *Bickers
et Son*.

> L'un des exemplaires sur papier Seychall-Mill (no 205)
> avec les figures avant la lettre.

35. **Feuillet** (Octave). Les portraits de la mar-
quise. Comédie représentée au palais de Com-
piègne, le 13 novembre 1859. *Paris, Imprimerie Impériale*, 1862, gr. in-8, cart., dos et coins
de toile, non rog., couv. (*Carayon*).

> Exemplaire imprimé sur **papier bleu.**
> Dans le médaillon de la couverture, un **dessin original**

au crayon, représentant l'Impératrice dans son rôle de la comtesse de Pons.

Exemplaire d'épreuves, revêtu de la Signature de M. Petetin, directeur de l'Imprimerie Impériale, auquel on a ajouté une lettre de M. Doniol, directeur en 1886 de l'Imprimerie Nationale, et donnant de curieux détails, sur la publication de cette pièce.

36. **Feuillet** (Octave). Le Village, scène provinciale. Préface de Mme Octave Feuillet. *Aux dépens de la Société Normande du Livre illustré. Paris, imprimé par Philippe Renouard*, 1901, pet. in-8, orné de 4 compositions de Albert Dawant, gravées au burin par Boisson, cart. dos et coins de mar. grenat, ornem. de fil. sur le dos et les plats, non rog., couv. (*Carayon*).

Ces 4 illustrations comprennent : 1 portrait de l'auteur, 1 planche hors texte, 1 vignette et 1 cul-de-lampe.

Tirage unique à 143 exemplaires sur papier vélin (n° 63).

Volume publié par M. Raymond Claude Lafontaine, membre de la Société Normande du Livre illustré, et l'un des mieux réussis.

37. **FLAUBERT** (Gustave). **Un Cœur Simple**, illustré de vingt-trois compositions par Emile Adan, gravées à l'eau-forte par Champollion. Préface par A. de Claye. *Paris, A. Ferroud*, 1894, gr. in-8, mar. vert olive, branche de fleurs, en mosaïque sans or, de mar. vert et bleu, couvrant le premier plat, et s'étendant jusqu'au second, en passant par le dos, bande de mar. int., fil. orn. aux angles, doublures et

gardes de soie verte, tr. dor. sur broch., couv. (*Marius Michel*).

> L'un des **40** exemplaires sur **grand vélin d'Arches**. avec trois états des eaux-fortes : eaux-fortes pures, eaux-fortes terminées avant la lettre avec remarques et eaux-fortes avec la lettre.

38. **FLAUBERT** (Gustave). **Hérodias.** Compositions de Georges Rochegrosse gravées à l'eau-forte par Champollion. Préface par Anatole France. *Paris, A. Ferroud*. 1892, gr. in-8, mar. chaudron, doublé de mar. vert clair, guirlande de fleurs en mosaïque de mar. chaudron et sertie d'or, fil. et dent. le tout formant encadrement gardes de soie, tr. dor. sur broch. couv. (*Marius Michel*).

> L'un des **40** exemplaires sur **grand vélin d'Arches** (no 80), avec 3 états des eaux-fortes ; eaux-fortes pures, eaux-fortes terminées avant la lettre et une suite avec la lettre.

39. **FORAIN** (J.-L.). Deux cents Dessins choisis de J.-L. Forain, réunis en 1 vol. gr. in-4, planches montées sur bristol, cart. dos et coins de perc., plats papier or (*Pierson*).

> Curieuse réunion des premiers dessins de Forain et dont beaucoup n'ont pas été réunis en Albums.

40. **France** (Anatole). Balthasar et la Reine Balkis, aquarelles originales d'après Henri Caruchet. *Paris, L. Carteret et Cie*, 1900, in-8, mar. vert ; sur le plat supérieur, composition florale, en mosaïque sertie or et à froid, de

mar. gris perle et crème, form. encad. bande
mar. vert, int., fil., doublures et gardes de soie
à fleurs, tête dor., non rog., couv. (*René
Kieffer*).

L'un des **50** exemplaires sur **papier du Japon** (n° 5),
avec le tirage à part en noir de toutes les aquarelles.

41. **France** (Anatole). Mémoires d'un volontaire.
Compositions de Adrien Moreau gravées à l'eau-
forte par Xavier Lesueur. *Paris, A. Ferroud,*
1902, gr. in-8. br., couv.

L'un des **40** exemplaires sur **papier du Japon** (n° 43),
avec trois états des eaux-fortes dont l'eau-forte pure et
auquel on a ajouté une **charmante aquarelle originale** de **Adrien Moreau**.

42. **France** (Hector). Sous le Burnous, illustré
de 22 compositions par Paul Avril. *Paris. Ch.
Carrington,* 1898, gr. in-8, demi-rel. dos et
coins de mar. cit., dos orné et mosaïqué, fil.,
tête dor., non rog., couv. (*P. Ruban*).

L'un des **50** exemplaires sur **vélin d'Arches** spécial
(n° 38), avec double suite noire et bistre de 22 planches.

42 *bis.* **Galibert**. Histoire de l'Algérie ancienne
et moderne. Illustrations de Raffet. *Paris,
Furne et Cie,* 1843, gr. in-8, cart., non rog.

Exemplaire de premier tirage.

43. **Gautier** (Théophile). Le Capitaine Fracasse,
illustré de 60 dessins de Gustave Doré. *Paris,
Charpentier,* 1866, gr. in-8. fig., demi-rel. dos

et coins de mar. rouge, dos orné, fil., tête dor. non rog., couv. (*Allô*).

Premier tirage.

44. **GAUTIER** (Théophile). Celle-ci et Celle-la, ou la Jeune France passionnée. Avant-propos de Maurice Tourneux. Illustrations de François Courboin. *Paris, A. Rouquette*, 1900, gr. in-8, mar. vert, dos et plats ornés d'un double encad. de fil. doublures de mar. vert clair, couvertes d'une mosaïque à répétition de feuilles et fleurs d'œillets, rouges et bleus. sertis d'or, gardes de soie à ramages, tr. dor. sur broch., couv. (*P. Ruban*).

Les Illustrations dessinées et gravées par François Cour-boin sont tirées en 2 tons dans le texte, comprenant :

1° La Suite des épreuves du premier état à l'eau-forte pure ;

2° La Suite des épreuves de la planche principale de chaque vignette avec remarque.

Tirage à 125 exemplaires sur papier vélin numérotés à la presse (n° 70).

45. **Grand-Carteret** (John). Vieux Papiers-Vieilles Images. Cartons d'un Collectionneur. 461 Gravures documentaires dans le texte et 6 planches hors texte, dont 5 coloriées. *Paris, A. Le Vasseur et Cie*, 1896, gr. in-8, cart. dos et coins de veau lilas, dos orné, non rog., couv. impr. en couleurs (*Carayon*).

Exemplaire, orné sur le dos de la reliure **d'un dessin original à la plume** de **Robaudi**.

46. **HARAUCOURT** (Edmond). L'Effort. — La Madone. — L'Antechrist. — L'Immortalité. — La Fin du Monde. *A Paris, publié pour les Sociétaires de l'Académie des Beaux-Livres, Bibliophiles contemporains*, 1894, in-4, mar. brun, sur le premier plat, branche de fleurs en mosaïque à froid de mar. rouge et vert, large bande de mar. int. form. encad. fil. et perle, doublures et gardes de soie grenat, tr. dor. sur broch. couv. (*P. Ruban*).

> Edition tirée à 160 exemplaires non mis dans le commerce (n° 104).
> Illustrations en couleurs de : MM. Alex. Lunois, Eug. Courboin, Carloz Schwabe et Alex. Séon.

47. **Hugounet** (Paul). La Musique et la Pantomime. Illustrations de Le Natur. *Paris, E. Kolb*, s. d., in-8, demi-rel. dos et coins de mar. bleu, dos sans nerfs avec attributs et feuillage dor., fil. sur les plats, tête dor., non rog. (*P. Ruban*).

> L'un des **25** exemplaires tirés sur **papier du Japon**, numérotés et signés de l'auteur (n° 21).

48. **Hurtrel** (Alice). Les Aventures Romanesques d'un comte d'Artois, d'après un ancien manuscrit, orné de dessins de la Bibliothèque nationale. *Paris, G. Hurtrel*, 1883, in-18, fig. d'Adrien Marie en coul. mar. La Vallière

clair, milieux ornés d'une composition mosaïque sertie or de mar. de différentes coul., fil. int. doublures et gardes de soie La Vallière, tête dor., non rog., couv. (*René Kieffer*).

Exemplaire sur **papier de Chine**.

49. **IMITATION DE JÉSUS-CHRIST** (L'). Traduction de F. de Lamennais, exécutée en or et en couleurs par la chromolithographie d'après les plus beaux manuscrits du XIII⁰ au XVI⁰ siècle. *Paris, Gruel et Engelmann, s. d.,* in-4, mar. chaudron ; sur le plat supérieur, grande décoration de style gothique formant encad. en mosaïque à froid, de mar. orange et La Vallière clair, large bande int. de mar. chaudron, form. encad. fil., tête dor., non rog. (*René Kieffer*).

Magnifique volume, composé de 102 encadrements variés et de 4 grands sujets en miniature, suivi, d'une notice archéologique explicative par M. H. Michelant.
Planches montées sur onglets.
Très bel exemplaire.

50. **JOSSOT**. Artistes et Bourgeois. Vingt-quatre compositions par Jossot. Préface de Willy. *Paris, G. Boudet et Ch. Tallandier, s. d.,* in-8, mar. orange, dos mosaïqué avec l'inscription « Artistes et Bourgeois », plats décorés de deux compositions différentes de branches de figuier, exécutées en mosaïque sans or de mar. de div. nuances, fil. int., doublures et gardes de soie

à fleurs, tr. dor. sur broch., couv. étui (*P. Ruban*).

> L'un des **24** exemplaires sur **papier du Japon** (nᵒ 10), contenant :
>
> 1ᵒ Une Suite à part de tous les dessins imprimés sur papier de Chine.
>
> 2ᵒ **Deux dessins originaux de Jossot** dont l'un en *couleurs*, ayant servi à la reproduction de la planche X.

51. Lamartine (A. de). La Chute d'un Ange. Episode par Alphonse de Lamartine. *Paris, Ch. Gosselin et W. Coquebert*, 1838. 2 vol. in-8, demi-rel. dos et coins de mar. bleu. dos ornés, fil., têtes dor. non rog. (*Canape*).

> Edition originale, avec la couverture.

52. Lamartine (A. de). Jocelyn. Episode. Journal trouvé chez un curé de village par Alphonse de Lamartine. *Paris, Ch. Gosselin et Furne*, 1836, 2 vol. in-8, demi-rel. dos et coins de mar. bleu, dos ornés, fil., têtes dor., non rog. (*Canape*).

> Edition originale, avec la couverture.

53. Leconte de Lisle. Eschyle, traduction nouvelle. *Paris, A. Lemerre*, 1872, in-8, mar. La Vallière foncé, dent. int., tr. dor. (*Gruel*).

> L'un des **100** exemplaires sur **papier de Hollande** (nᵒ 87).

54. Lireux (Auguste). Assemblée nationale comique. Illustré par Cham. *Paris, M. Lévy* *frères*, 1850, gr. in-8, cart. toile, fers spéciaux, tr. dor.

Exemplaire très frais dans le cartonnage de l'éditeur, manque l'avis au relieur.

55. **LUCIEN**. Dialogues des Courtisanes. Traduction nouvelle de Jules de Marthold. Compositions et Lithographies par Emile Berchmans. *Paris, Edition Boudet. Lahure, s. d.,* gr. in-8, mar. La Vallière foncé, dos et plats ornés d'une composition de style grec, en mosaïque polychrome sertie à froid, fil. or formant encad. bande de mar. int. ornée d'une dent. à la grecque et de fil. dorés, doublures et gardes de panne à fleurs, tr. dor. sur broch. couv. *René Kieffer*).

L'un des **25** exemplaires sur **papier de Chine** (n° 31), contenant une suite en noir de toutes les compositions.

56. **MAINDRON** (Ernest). Les Affiches illustrées. Ouvrage orné de 20 chromolithographies par Jules Chéret et de nombreuses reproductions en noir et en couleur d'après les documents originaux. *Paris. H. Launette,* 1886. in-4, mar. La Vallière clair, dos orné d'une guirlande de fleurs en mosaïque sertie à froid. Le plat supérieur couvert d'une composition fantaisiste, exécutée en mosaïque de maroquins de diverses couleurs, feuillages et grands ornements sur lesquels se trouve campé un sujet soutenant un

cartouche portant le titre. Sur le second plat, bouquet de fleurs enguirlandé d'une banderolle; bande de mar. int. ornée de masques, hirondelles, doublures et gardes de soie verte, tr. dor. sur broch. couv. étui (*Ch. Meunier*).

L'un des **25** exemplaires sur **papier du Japon** (n° 18).

57. **MANTZ** (Paul). **François Boucher**, Lemoyne et Natoire. *Paris, A. Quantin*, 1880, in-fol., fig. mar. grenat foncé, dos et plats décorés d'une grande composition dorée à petits fers. dans le goût du XVIII° siècle, encadrant un panneau central de forme ovale; doublé de mar. bleu hussard, décoration de style rocaille, compart. en mosaïque de mar. bleu foncé form. un double encad. guirlande de fleurs et orn. dor. aux petits fers; en bordure filets et perle. gardes de soie à fleurs, tr. dor. sur broch. étui (*P. Ruban*).

L'un des **20** exemplaires sur **papier Whatmann** (n° 35), contenant les gravures hors texte en **3** états; le tirage avec la lettre, avant la lettre, et en sanguine.

Très bel exemplaire dont la reliure seule a été facturée 2600 francs.

58. **Mauclair** (Camille). Les Camelots de Pensée. Bois en couleurs par Maurice Delcourt. *Paris, Les Cent Bibliophiles*, 1902, pet. in-4, br., couv. illust.

Tirage à 130 exemplaires (n° 57).

59. **Maupassant** (Guy de). Boule de Suif. Illustrations de Jeanniot. Gravure sur bois par G. Lemoine. *Paris, P. Ollendorff*, 1902, gr. in-8, fig., demi-rel. dos et coins de mar. La Vallière foncé, dos orné et mosaïqué, tête dor., non rog., couv. imp. en coul. (*P. Ruban*).

L'un des **20** exemplaires tirés sur **papier de Chine** (n° 21).

60. **MAUPASSANT** (Guy de). **La Maison Tellier**. *Paris, Imprimé pour la Société des Bibliophiles contemporains*, 1892, gr. in-8, br., couv.

Édition tirée à très petit nombre pour les Membres de la Société, non mise dans le commerce.
Illustrations en couleurs par Pierre Vidal.

61. **Maupassant** (Guy de). Notre Cœur. Illustrations de René Lelong. gravure sur bois par G. Lemoine. *Paris, P. Ollendorff*, 1902, gr. in-8, demi-rel. dos et coins de mar. bleu hussard, dos orné d'une branche de fleurs en mosaïque, tête dor., non rog., couv. illust. (*P. Ruban*).

L'un des **20** exemplaires sur **papier de Chine** (n° 23).

62. **Maupassant** (Guy de). Le Père Milon. Dessins de Ch. Huard. Gravure sur bois de G. Lemoine. *Paris, P. Ollendorff*, 1904, gr. in-8, br., couv. illust.

L'un des **20** exemplaires tirés sur **papier de Chine** (n° 18).

63. **Michelet** (J.). Thérèse et Marianne. Souvenirs de Jeunesse. Onze eaux-fortes originales de V. Foulquier. *Paris, L. Conquet*, 1891, in-18, cart. dos et coins de mar. bleu, dos orné et mosaïqué, non rog., couv. (*Carayon*).

> L'un des 250 exemplaires sur papier vergé du Marais (n° 289).

64. **MOLIÈRE**. Œuvres, avec les notes de tous les commentateurs. Troisième édition, publiée L. Aimé-Martin. *A Paris, chez Lefèvre et chez Furne*, 1845, 6 vol. in-8, mar. rouge, dos orné, fil., dent. int., tr. dor. (*Duru*, 1847).

> L'un des **20** exemplaires sur **papier de Hollande**.
>
> Edition illustrée de 15 planches hors texte, tirées sur Chine et avant la lettre d'après H. Vernet et Desenne et à laquelle on a ajouté :
>
> 1° Une suite de 29 gravures tirées sur Chine avec la lettre de Punt.
>
> 2° Une suite de 27 gravures tirées sur Chine avant la lettre, de Moreau le Jeune.

65. **MONNIER** (Antoine). Ève et ses incarnations. Sonnets et Eaux-Fortes par Antoine Monnier, avec préface par Tony Révillon, et prologue par Prosper Blanchemain. *Paris, L. Villem*, 1878, in-8, mar. La Vallière, ornem. de fil. dor. et de bandes entrelacées en mosaïque de mar. violet sur le dos et les plats, doublé de moire rouge, dent. et fil. formant encadrement,

gardes de moire rouge, doubles gardes, tr.
dor. sur brochure, étui (*P. Ruban*).

> L'un des **4** exemplaires tirés sur **peau de brebis** (n° 1)
> avec les eaux-fortes en noire et en bistre et la suite des
> **12 dessins originaux** à la plume par **Antoine Mon-
> nier**.

66. **Montfrileux** (Jérôme Doucet). Le Livre des
Masques. Cent dessins de J. Fontanez. *Paris,
Le Livre et l'Estampe, s. d.* (1903), gr. in-8,
mar. chaudron ; sur le plat supérieur, composition florale en mosaïque à froid et sertie or, de
mar. vert et gris perle, bande de mar. int., fil.,
tête dor., non rog., couv. (*René Kieffer*).

> L'un des **4** exemplaires tirés sur **papier de Chine** avec
> la suite complète de toutes les illustrations et auquel on a
> ajouté un **dessin original** à la plume de **J. Fontanez**

67. **MONTORGUEIL** (Georges). **La Vie des
Boulevards**. Madeleine-Bastille, illustré de
200 dessins en couleurs par Pierre Vidal. *Paris,
Librairies-Imprimeries réunies, May et Mot-
teroz,* 1896, gr. in-8, mar. chaudron, sur le
premier plat, guirlande de cypripédium (sabot
de Vénus) en mosaïque sertie à froid, sur le
second, médaillon dans une branche de mar-
ronnier, large bande de mar. int., dent. en mosaïque or et couleurs, doublures et gardes de
soie à ramages, tr. dor. sur brochure, couv.
(*Charles Meunier*).

> L'un des **100** exemplaires imprimés sur **papier du
> Japon** (n° 6) pour la librairie L. Conquet, contenant :

1º **Une aquarelle originale** de **Vidal** sur le faux-titre.
2º La couverture en 3 états.
3º **2 aquarelles originales** de **Vidal**, de la couverture.
4º Lettre autographe signée de G. Montorgueil.

68. **Morin** (Louis). Vieille Idylle. Douze pointes sèches et vingt ornements typographiques par l'auteur. *Paris, L. Conquet*, 1891, in-18, mar. vert foncé, branche de fleurs en mosaïque sertie or et à froid sur le premier plat, fil. int., doublures et gardes de soie verte, tête dor., non rog., couv. (*René Kieffer*).

> L'un des **100** exemplaires sur **papier du Japon** (nº 67) avec les eaux-fortes avant la lettre.

69. **Murger** (Henry). **Scènes de la Bohême**. Avec un frontispice et douze gravures à l'eau-forte par Adolphe Bichard. *A Paris, imprimé pour les Amis des Livres*, 1879, in-8, mar. rouge, dos orné, sur les plats, jeux de cinq filets formant un double encadrement, doublé de mar. bleu, encadrement de 8 filets entrelacés, ornements aux angles, gardes de soie bleue, tr. dor. sur broch., couv. (*Cuzin*).

> Edition imprimée à 118 exemplaires, avec les figures en 2 états (avant la lettre sur papier du Japon et avec la lettre sur papier de Hollande).
>
> On a ajouté à cet exemplaire :
>
> 1º Trois autres suites des mêmes figures (eau-forte pure sur Hollande ; épreuves d'artistes sur Chine, et avant la lettre sur parchemin).
>
> 2º Le **dessin original** de la figure : Pendant dix minutes Alexandre entretint la jeune fille.
>
> **Très bel exemplaire** provenant de la Bibliothèque de M. P. Bellon, adjugé **1,400** francs et les frais.

70. **Nodier** (Charles). Journal de l'Expédition des Portes de Fer, rédigé par Charles Nodier, de l'Académie française. *Paris, Imprimerie royale*, 1844, gr. in-8, fig., mar. rouge dos orné, 8 filets sur les plats, fil. int., tr. dor. (*Chambolle-Duru*).

> L'un des exemplaires avec le nom de l'officier titulaire.
> Superbe livre, illustré de figures hors texte, sur papier de Chine, avant la lettre, et de nombreuses vignettes dans le texte, d'après Raffet, Decamps, Dauzats.
> Ce volume est un des chefs-d'œuvre de l'illustration au XIXe siècle.

71. **NORVINS** (de). Histoire de Napoléon. *Paris, Furne*, 1839, gr. in-8, cart. dos et coins de mar. vert. non rog. (*Champs*).

> **Superbe exemplaire** relié sur brochure avec la couverture rose quadrillée qui porte la date de 1840 et les couvertures de livraisons, sous la date de 1839.
> On a ajouté **20 dessins originaux** à la plume par **Raffet** exécutés pour l'illustration de cet ouvrage.
> Une épreuve de l'affiche lithographique dessinée par Raffet. (Giacomelli, 122 R.).

72. **Pater** (Le). Commentaire et Compositions de A.-M. Mucha. *Paris, H. Piazza et Cie, s. d.* (1899), gr. in-4, br., couv.

> Tiré à 510 exemplaires numérotés (n° 154).
> L'un des 400 sur papier à la forme du Marais.

73. **Perrault**. Cendrillon et les Fées. 33 aquarelles par Edouard de Beaumont, reproduites en fac-simile et imprimées en couleur, *Paris*,

Boussod, *Valadon et Cie*, 1886, gr. in-4, pap. à la cuve, mar. bleu clair, dos orné de feuillage et de roses dor., fil. sur les plats et orném. aux angles de bouquets de roses dor., avec pantoufles en mosaïque de mar. vert, dent int., tr. dor. sur brochure, texte monté sur onglets *(Chambolle-Duru)*.

74. **Poë** (Edgard). Les Cloches, avec 4 eaux-fortes de Henry Guérard. *Paris, Librairie de l'Eau-Forte, s. d.*, in-4, cart. dos et coins de toile, non rog., couv. *(Carayon)*.

L'un des **100** exemplaires tirés sur **papier de Hollande.**

75. **PROPOS DE TABLE** de la Vieille Alsace illustrés tout au long de Dessins originaux des anciens maîtres alsaciens. Œuvre de Réconfort ajustée à l'heure présente, traduite, annotée et enrichie de compositions nouvelles par Émile Reiber, alsacien, maître ès-arts en la bonne ville de Paris. *Paris, H. Launette*, 1886, in-4, mar. La Vallière, dos orné, filets dorés et dent. à froid sur les plats formant encadrement, ornements aux angles, bande de mar. int., fil. et dent., doublures et gardes de moire grenat, tr. dor. sur brochure, couv., étui *(Ch. Meunier)*.

L'un des **100** exemplaires tirés sur **papier du Japon** (no 62).

76. **QUATRELLES**. A Coups de Fusil, illustré
par A. de Neuville. *Paris, Charpentier*, 1877,
in-4, mar. brun. doublé de mar. rouge, doubles gardes, non rog.. couv. (*Marius Michel*).

> **Superbe exemplaire,** auquel on a ajouté de nom-
> breux essais de tirage des dessins de A. de Neuville.
> La planche du chapitre 25, figure en 3 états différents, l'un
> d'eux porte les corrections manuscrites, de A. de Neuville,
> et plusieurs le bon à reporter sur la pierre avec la signature
> de l'éditeur.
> Les 2 planches refusées se trouvent dans cet exemplaire.

77. **Saint-Pierre** (B. de). Paul et Virginie (Orné
de quatre jolies gravures), par Moreau et Desenne. *Paris. Deterville (impr. de P. Didot
l'aîné)*, 1816. in-18, mar. rouge lie de vin, dos
orné, compart. de fil. et ornem. dor., dent. et
milieu à froid sur les plats, tr. dor. (*Thouvenin*).

78. **Sainte Bible** (La). Nouvelle édition. *Paris,
Th. Desoer*, 1819. in-8, mar. grenat, à longs
grains, dos orné, plats décorés dans le style
romantique, colonnes supportant un portique,
le tout orné de dent. et de motifs dorés, form.
encadrem. aux centres, losanges couverts
d'orn. à froid, bande de mar. int., fil. et dent.,
doublures et gardes de moire gren., tr. dor.
(*Duplanil*).

> Beau spécimen de reliure romantique.

79. **Scarron**. Le Roman Comique. Nouvelle édition, illustrée de trois cent cinquante compositions par Edouard Zier. *Paris, H. Laauette
et Cie*, 1888, in-4, br., couv. impr. en couleurs.

L'un des **58** exemplaires numérotés sur **papier du Japon** (n° 56).

80. **Sienkiewicz** (Henry). Quo Vadis. Roman
néronien. Traduction nouvelle et complète par
E. Halperine-Kaminsky. Edition illustrée par
Jan Styka, gravure de G. Lemoine. *Paris, E.
Flammarion, s. d.,* 3 vol. in-4, br., couv.

L'un des **50** exemplaires sur **papier de Chine** (n° 61)
contenant le tirage à part de toutes les gravures sur bois et
lithographies hors texte.

81. **STAAL-DELAUNAY** (Mme de). Mémoires,
avec une préface par Mme la Baronne Double.
Eaux-fortes par Ad. Lalauze. *Paris, A. Ferroud*, 1890, 2 tomes en 1 vol. in-8, mar. bleu,
composition florale mosaïquée et dorée sur les
plats, 4 nerfs au dos avec cette inscription dorée : *Que reste-t-il de la Vie, excepté d'avoir
aimé*, doublures et gardes de soie, dent. dorée
et mosaïquée, tr. dor. sur broch. couv., étui
(*Ch. Meunier*).

Tiré à 185 exemplaires.
L'un des **50** sur **papier vélin de Cuve** (n° 35), avec
deux suites des gravures avec et avant la lettre.

82. **Staël-Holstein** (Mme de). Corinne ou l'Italie.
Paris, H. Nicolle, 1807, 2 vol. in-8, mar. bleu

à long grain, dos orné à petits fers, ornem.
dans un encadrem. de fil. dor. sur les plats,
dent. int.. tr. dor. (*Chilliat*).

> Très jolie reliure.

83. **Swift**. Voyages de Gulliver (traduction de
l'abbé Desfontaines). *Paris, Pierre Didot l'aîné*,
1797, 4 vol. in-18, fig., mar. rouge à grain long,
dos orné, dent. sur les plats, tr. dor. (*Rel.
anc.*).

> 1 frontispice et 9 jolies figures dessinés par Lefebvre et
> gravés par Masquelier.
> Bel exemplaire sur grand papier vélin avec de nombreux
> témoins et les **figures avant la lettre**.

84. **Theuriet** (André). Nos Oiseaux. Aquarelles
de Hector Giacomelli. *Paris, H. Launette et
Cie*, 1886, 5 fasc. in-4, en feuilles, dans des cartons.

> Édition illustrée en fac-similés d'aquarelles, tirée en tout
> à 525 exemplaires (n° 297).

85. **Uzanne** (Octave). Son Altesse La Femme.
Illustrations de Henri Gervex, J.-A. Gonzalès,
L. Kratké, A. Lynch, Ad. Moreau et F. Rops.
Paris, A. Quantin, 1885, gr. in-8, fig., demi-
rel., dos et coins de mar. lie de vin, dos orné
et mosaïqué, fil., tête dor., non rog., couv.
(*Canape*).

> Bel exemplaire.
> Ouvrage orné de nombreuses figures hors texte et en
> couleurs.

86. **Uzanne** (Octave). La Française du Siècle. Modes. — Mœurs. — Usages. Illustrations à l'aquarelle de Albert Lynch gravées à l'eau-forte en couleurs par Eugène Gaujean. *Paris, A. Quantin*, 1886, gr. in-8. demi-rel. dos et coins de mar. bleu, dos orné d'une branche de fleurs en mosaïque or et couleurs, fil.. tête dor. non rog., couv. imp. en coul. (*Canapé*.

87. **Uzanne** (Octave). Le Miroir du Monde. Notes et sensations de la Vie pittoresque. Illustrations en couleurs d'après Paul Avril. *Paris, Quantin*. 1888, pet. in-4, demi-rel. dos et coins de mar. vert, dos orné d'une branche de fleurs en mosaïque, fil., tête dor., non rog., couv. imp. en coul. (*Canapé*).

    L'un des exemplaires sur vélin de Hollande.

88. **Uzanne** (Octave). Nos contemporaines. Notes successives sur les Parisiennes de ce temps dans leurs divers Milieux, Etats et Conditions. Illustration de Pierre Vidal. *Paris, A. Quantin*, 1894. gr. in-8, cart. dos et coins de mar. orange, dos mosaïqué, fil., tête dor., non rog., couv.

    Tirage à petit nombre.
    Nombreuses illustrations hors texte et dans le texte en couleurs.

89. **VACQUERIE** (Auguste). **Tragaldabas.** Edition illustrée de 54 compositions de Edouard Zier, gravées par F. Méaulle. *Paris. G. Cha-*

merot, 1886, in-4, mar. citron, dos orné et mosaïqué, le premier plat entièrement couvert par une **peinture à l'huile**, doublé et gardes de moire rouge, tr. dor. sur broch. couv. emboitage en mar. noir (*Paynant*).

> L'un des **25** exemplaires tirés sur **papier de Chine** (n° 96) contenant :
> 1° **47 esquisses originales** des illustrations ;
> 2° Une pièce de vers autographe, signée de l'auteur extraite de l'acte III ;
> 3° La Suite des fumés de tous les bois.
> Très bel exemplaire.

90. **Vallès** (Jules). Jacques Vingtras. L'Enfant. Edition illustrée de 12 eaux-fortes par Renouard. *Paris, A. Quantin*, 1881, gr. in-8, mar. grenat janséniste, doublé de mar. grenat, fil. en bordure gardes de soie à ramages, tr. dor. sur broch., couv. (*P. Ruban*).

> L'un des **100** exemplaires sur **papier du Japon** (n° 85), avec une triple suite de toutes les eaux-fortes, dont une en épreuves d'artiste.

91. **VILLON** (François). Les Ballades. Soixantedix illustrations de A. Gérardin, gravées par Julien Tinayre. *Paris, E. Pelletan*, 1896, in-8 raisin, demi-rel. dos et coins de mar. grenat, avec ornem. à froid, plats parchem.. tête dor., non rog., couv. (*Raparlier*).

> Curieuse reliure.
> Tiré à 350 exemplaires numérotés (n° 335).
> L'un des 150 sur papier vélin à la cuve des papeteries du Marais, **enrichi** sur le faux-titre d'**une aquarelle originale** de **Atalaya**.

92. **Vogué** (Vte Eugène-Melchior de). Histoires
d'Hiver. *Paris, Calmann-Lévy (pour L. Conquet)*, 1885, pet. in-8, fig., cart. dos et coins
de mar. vert olive, non rog., couv. (*Carayon*).

> Édition illustrée de 1 frontispice et 10 vignettes, gravées
> par A. Nargeot, d'après de Sta et Martin, et tirée à 225
> exemplaires sur papier vélin du Marais (nº 67).

93. **Voltaire**. Candide, ou l'optimisme. Préface
de Francisque Sarcey. Illustrations de Adrien
Moreau. *Paris, G. Boudet*, 1893, gr. in-8, fig.,
demi-rel. dos et coins de mar. La Vallière, dos
orné et mosaïqué, fil., tête dor., non rog., couv.
(*V. Champs*).

> L'un des **50** exemplaires sur **papier de Chine** (nº 53),
> contenant une suite de tous les bois tirés à part, et un
> triple état des eaux-fortes tirées sur Chine, dont l'eau-forte
> pure.

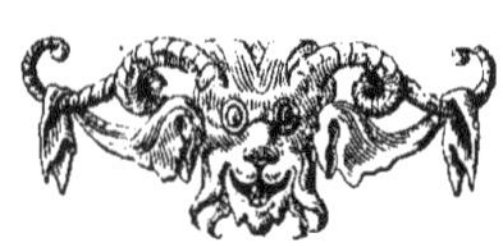

LITHOGRAPHIES

---

94. **Bellangé**. L'Ecole du Soldat. *Paris, Engelmann, s. d.*, in-4, br., couv. de la 3ᵉ livraison.

Suite complète de 18 lithographies de premier tirage.

95. **CHARLET**. Souvenirs de l'Armée du Nord.
*Paris, Gihaut frères, Boulevard des Italiens, 5,
s. d.*, in-4, br., couv.

Recueil de 20 lithographies de Charlet en premier tirage.
On a ajouté dans cet exemplaire.
1º Quatre épreuves sur Chine volant ;
2º Une épreuve d'état de la planche 17 avec la remarque
dans la marge « *Napoléon à cheval* ».

96. **Doré** (Gustave). La Ménagerie parisienne.
Paris, s. d. (1854), in-4 obl., cart., dos et coins
de toile, non rog., couv. (*Carayon*).

Suite complète de 24 planches lithographiées, en belles
épreuves.

97. **RAFFET**. Album. *Paris*, 1828, in-4, cart.,
dos et coins de toile (*Carayon*).

Recueil de 12 planches en premier tirage, plus cinq
épreuves en états différents.

98. **Raffet**. Croquis divers pour l'amusement des enfants. *Paris, Imprimerie lithographique de Gihaut frères, s. d.* (1828-1829), in-4, cart. dos et coins de toile (*Carayon*).

> Recueil de 32 planches, chacune de plusieurs croquis en épreuves de premier tirage.
> Titre et frontispice manquent.

99. **Raffet**. Album. *Paris.* 1830. in-4. cart. dos et coins de toile (*Carayon*).

> Recueil de 12 planches et le frontispice en premier tirage.
> Contient la planche de Waterloo, en état parfait.

100. **Raffet**. Album. *Paris*, 1831, in-4, cart. dos et coins de toile (*Carayon*).

> Recueil de 12 planches, plus le frontispice en premier tirage.
> On y a ajouté : Une épreuve supplémentaire en état différent.
> Contient les planches : le Panthéon, Lutzen, Je n'tire pas, la Revue, Vive la Ligne, Convoi militaire, etc., en état merveilleux, etc.

101. **Raffet**. Album. *Paris*, 1832, in-4, cart., dos et coins de toile (*Carayon*).

> Recueil de 12 planches, plus le frontispice, en premier tirage.
> Contient : La Poursuite ; Serrez les Rangs ; Attention, l'Empereur à l'œil sur vous ; mon Empereur, c'est la plus cuite, etc.

102. **Raffet**. Album. *Paris*, 1833, in-4. cart. dos et coins de toile (*Carayon*).

> Recueil de 12 planches, plus le frontispice, de premier tirage.
> Contient : 1813 ; Provins ; l'Inspection ; Le moral est affecté chez l'Autrichien ; L'Œil du maître ; Charge des Hussards républicains, etc.

103. **Raffet**. Siège d'Anvers. *Paris, chez Gihaut frères, s. d.* (1833), in-fol. de 25 pl., cart. dos et coins de toile, non rog. (*Carayon*).

> Bel exemplaire contenant 2 états de la couverture illustrée, avec lithographies différentes.
> On a ajouté :
> 1º Un **superbe dessin original** au lavis de **Raffet**, croquis de la planche nº 3 (L'Armée française passe la frontière) ;
> 2º 6 planches en couleurs de premier tirage.

104. **Raffet**. Album. *Paris*. 1834. in-4. cart. dos et coins de toile (*Carayon*).

> Recueil de 12 planches, plus le frontispice en premier tirage.
> Contient : Prise du fort Mulgrave ; Le Représentant républicain : La Pensée ; Il est défendu de fumer ; La main ! Voltigeur ; Dernière charge des Lanciers Rouges à Waterloo, etc.

105. **Raffet**. Album. *Paris*, 1835, in-4, cart. dos et coins de toile (*Carayon*).

> Recueil de 12 planches, plus le frontispice en premier tirage.
> Contient : 13 Vendémiaire : Secours à la Vivandière ; La dernière charette : Abordez l'ennemi, franchement à la baïonnette ; Ordre du Jour ; Carré Enfoncé ; Bonaparte en Egypte : Le Représentant a dit.... ; Conquête de la Hollande, etc.

106. **Raffet**. Album. *Paris*, 1836, in-4, cart. dos et coins de toile (*Carayon*).

> Recueil de 12 planches, plus le frontispice et la couverture en premier tirage.
> Contient : La Consigne ; De quoi vous plaignez-vous ; Italie, 1796 ; L'ennemi ne se doute pas que nous sommes là ; L'Homme du peuple ; Ils grognaient, mais ils le suivaient toujours, etc.

107. **Raffet**. Retraite de Constantine. *A Paris, chez Gihaut frères, éditeurs, s. d. (1837-38),* in-fol., cart. dos et coins de toile *(Carayon).*

> Suite complète à toutes marges de 8 épreuves de premier tirage, avec la remarque « Lith. de »
> Couverture et titre conservés.
> On a ajouté une deuxième épreuve exceptionnelle de la planche 11 « *Carré du général Changarnier* ».

108. **Raffet.** Prise de Constantine. *A Paris, chez Gihaut frères, s. d.* (1838), in-fol., cart. dos et coins de toile, couv. et titre, non rog. *(Carayon).*

> Recueil de 12 planches de premier tirage avec la remarque « Lith. de ».
> Exemplaire précieux auquel on a ajouté **2 aquarelles originales** de **Raffet**. L'une est la première pensée de la planche I (Marche sur Constantine) et la seconde est le croquis de la planche 6 (Assaut de Constantine).
> Une épreuve de la planche I, en état non terminé (Cat. Giacomelli, n° 545). R.R.

109. **Raffet**. Album. *Paris*, 1838, in-4, cart., dos et coins de toile *(Carayon).*

> Recueil de 12 planches, plus le frontispice de *premier tirage*. Contenant : Demi Bataillon de gauche.....; Joue..... Feu : Bautzen ; 1807 ; A ce jeu là, on n'attrape que des coups ; La Revue nocturne, en très belle épreuve de tout premier tirage, etc.
> Précieux exemplaire auquel on a ajouté : Un premier état du frontispice. — Une épreuve en couleurs de la planche 4. — Trois belles épreuves sur Chine, dont la planche 8 « 1807 ».

110. **RAFFET. Voyage dans la Russie méri-**

dionale. *Paris, Gihaut frères*, 1839, in-fol., cart. dos et coins de toile, non rog. (*Carayon*).

> **Précieux exemplaire** contenant *cent cinquante planches* au lieu de *cent*, les titres, tables, le texte et deux couvertures de livraisons.
>
> Toutes les planches sont de *premier tirage* n⁰ˢ 1 à 54 avec l'adresse de Aug. Bry, 8, rue Favart; n⁰ˢ 55 à 69, rue du Bac, 134; n⁰ˢ 70 à 100. Imprimerie Aug. Bry, grande médaille d'or de S. M. l'Empereur de Russie.
>
> On a ajouté :
>
> 1⁰ Une épreuve du titre en premier état avec des variantes (Cat. Giacomelli 594 — R. R.).
>
> 2⁰ Une épreuve du titre en deuxième état avec des variantes (Cat. Giacomelli, 594 *bis* R. R. R.).
>
> 3⁰ Dix planches supplémentaires en état d'essai ou avec remarques parmi lesquelles les portraits du comte de Woroussoff, du comte Demidoff et de l'Empereur Nicolas Iᵉʳ.
>
> 4⁰ **Vingt planches en couleurs** de premier tirage parmi lesquelles tous les portraits des membres de l'expédition y compris celui de Raffet qui est introuvable.
>
> 5⁰ Neuf planches supplémentaires sont revêtues de la signature de l'éditeur Aug. Bry, avec la mention « Etat de la planche: 21 Avril 1877.
>
> 6⁰ Trois planches portent le bon à tirer et la signature de M. de Sainson qui fut chargé de surveiller la publication.
>
> Deux épreuves sont légèrement déchirées dans la marge et quelques-unes sont un peu émargées. Toutes sont en superbe état d'épreuve.

111. **Raffet**. Expédition et Siège de Rome. *Paris, Gihaut*, 1850-59, in-fol., cart. dos et coins de toile (*Carayon*).

> Recueil de 36 planches de premier tirage à toutes marges, on a ajouté : 2 titres (Cat. Giacomelli 166-167) et 8 épreuves supplémentaires en état d'essai (RR et RRR).

112. **Raffet**. Napoléon Iᵉʳ et la Garde Impériale.

Paris, *Furne*, 1859, gr. in-8, cart. dos et coins de toile, non rog., couv. (*Carayon*).

Très bel exemplaire avec les figures en couleurs.

113. **Raffet.** Costumes français et étrangers, portraits et sujets divers. *Paris, Lecomte*, 1860, in-fol. en feuilles, couv.

Superbe recueil de 39 planches inédites de lithographies dessinées et gravées par Raffet, parmi lesquelles on a ajouté 16 planches avant la lettre de premier tirage. — Cat. Giacomelli RRR et RR.

114. **Raffet**. Illustrations de l'Armée Française depuis 1789 jusqu'en 1832, d'après Léon Cogniet et Raffet, lithographiées par Llanta et Ad. Midy. *Paris, Victor Delarue, s. d., (Impr.-Lith. de Lemercier)*, in-fol., cart. de l'époque, épreuves à grandes marges.

Suite de 18 planches, plus le frontispice, lithographiés en couleurs. On a ajouté 9 planches sur Chine avec la lettre et avant la couleur.

SUPPLÉMENT

A LA

VENTE DU MARDI 7 JUIN 1904

HOTEL DROUOT, SALLE N° 10.

---

115. **Catalogue** de Quelques-uns des Livres Contemporains en exemplaires choisis, curieux ou uniques revêtus de reliures d'art et de fantaisie. Tirés de la Bibliothèque d'un Écrivain et Bibliophile parisien (Octave Uzanne). *Paris, A. Durel.* 1894. in-8. pap. rose, cart., peau de truie, non rog., couv. *(Carayon).*

116. **Les Facétieuses Nuits du seigneur J.-F. Straparole,** traduites par J. Louveau et P. de Larivey. Quatorze dessins de J. Garnier, gravées à l'eau-forte par Champollion. *Paris, Jouaust.* 1882. 4 vol. in-18. fig., br., couv.

   L'un des 20 exemplaires sur papier Whatman (n° 31) contenant les figures avant la lettre.

117. **Handley Cross** : or Mr. Jorrocks's Hunt. by the author of « Mr. Sponge's Sporting Tour ». « Ask Mamma », etc., etc. With illustrations by John Leech. *London. Bradbury, Evans. and C°. s. d.* (1854). in-8. nombr. illustrations dans le texte et planches hors texte en couleurs, cart. toile, non rog., de l'éditeur.

118. **Histoire de France** représentée par figures gravées par F.-A. David, accompagnées de Discours par

l'Abbé Guyot. *Paris*, 1788-1791. 4 vol. in-4, veau marb., dos ornés, fil., tr. dor. (*Rel. anc.*).

Tomes I à IV.

119. Œuvres d'Horace. Traduction nouvelle par Leconte de Lisle avec le texte latin. *Paris, A. Lemerre*. 1873. 2 vol. in-18, front., br., couv.

L'un des 100 exemplaires sur papier Whatman (n° 72) avec le frontispice avant la lettre et en 2 états.

120. Lamartine. Œuvres poétiques. — Méditations poétiques. — Jocelyn. — Harmonies poétiques et religieuses. — La Chute d'un Ange. — La Mort de Socrate. — Recueillements poétiques. — 6 vol. — Romans. Raphaël. 1 vol. — *Paris. Furne, Jouvet et Cie. Hachette et Cie*, 1879-82. Ens. 7 vol. gr. in-8, br., couv.

Exemplaire sur papier Whatman.

121. Livre (Le) **et l'Image**. Revue documentaire illustrée mensuelle. Directeur-Littéraire : J. Grand-Carteret. — Directeur-Gérant : Emile Rondeau (de l'origine Mars 1893 à Juin 1894). *Paris, E. Rondeau*, 1893-1894. 3 vol. pet. in-4, nombr. fig. dans le texte et planches hors texte en noir et en couleurs. demi-rel. chag. bleu jans., dos à 5 nerfs, tête dor., non rog., couv.

122. Marguerite de Valois. Les Sept Journées de la reine de Navarre, suivies de la huitième (Edition de Claude Gruget, 1559). Notices et notes par Paul Lacroix, index et glossaire. Planches à l'eau-forte par Flameng. *Paris, Librairie des bibliophiles*, 1872, 4 tomes en 8 fasc. in-16, br., couv.

L'un des 25 exemplaires tirés sur papier de Chine (n° 15) avec épreuves des gravures avant la lettre.

123. **Relation du Voyage** de Sa Majesté Britannique en Hollande et de la réception qui luy a été faite. *A La Haye, chez Arnout Leers, marchand libraire*, 1692, in-4. front. grav. et pl., cart.

> Très belles épreuves des figures.
> Exemplaire de toute fraîcheur.

124. **Scarron.** Le Roman Comique. Édition ornée de figures dessinées par Le Barbier et gravées sous sa direction. *De l'imprimerie de Didot jeune, à Paris, chez Janet et chez Hubert, an IV (1796), 3 tomes en 1 vol. in-8, fig., demi-rel. dos et coins de veau vert, dos orné.

> 1 portrait gravé par Bertonnier d'après Deserne et 15 figures de Le Barbier, gravées par Baquoy, Dambrun, Duclos, Hubert, Patas, Petit, Romanet et Simonet.
> Manque les faux-titres et titres des tomes II et III et Racc. à une figure.

125. **Chefs d'Œuvres** (Les) d'art à l'exposition universelle. 1878. *Paris, L. Baschet*, 1878, 40 fasc. in-fol., nombr. fig. (*Exemplaire sur papier de Hollande*).

126. **Dictionnaire de la Conversation et de la Lecture**, inventaire raisonné des notions générales, les plus indispensables à tous, par une Société de Savants et de Gens de Lettres, sous la direction de M. W. Duckett. *Paris*, 1853-58. 16 vol. gr. in-8, demi-rel. bas. verte, tr. jasp.

127. **Revue Bleue.** Environ 500 numéros séparés.

128. **Revue Hebdomadaire.** Environ 350 numéros séparés.

129. **Revue Illustrée**. *Paris*, 1888-1900. Environ 350 numéros séparés.

130. **Zola** (Emile). Romans. Traductions italiennes, espagnoles, allemandes et anglaises. Environ 275 vol. in-12, rel., cart. et br.

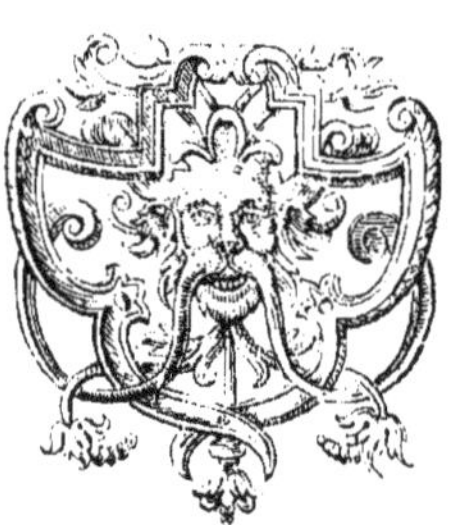

Arras. — Imp. Schoutheer Frères, rue des Trois-Visages, 53.